Jutta Schütz wurde in Lebach (Saarland) geboren.

Mit ihrem ersten Bestseller „Plötzlich Diabetes" gilt
die Autorin bei Kritikern als Querdenkerin.
2010 startete sie mit ihren Gesundheitsbüchern ihr Pilotpro-
jekt in Bruchsal und später bei der VHS in Wolfsburg.
Sie hat bis heute über 40 Bücher geschrieben und an vielen
anderen Büchern mitgewirkt.
Als Journalistin schreibt Schütz für viele Verlage und
Zeitungen. Ihre Themen sind: Gesundheit, Kunst,
Literatur, Musik, Film, Bühne, Entertainment.

Mehr Infos finden Sie auf der Webseite der Autorin.
www.jutta-schuetz-autorin.de/

© 2015 Autor: Jutta Schütz (1. Auflage)
Umschlaggestaltung, Illustration, Satz
Webseite: www.jutta-schuetz-autorin.de/
E-Mail: info.jschuetz@googlemail.com

© 2015 Herstellung und Verlag:
BoD – Books on Demand, Norderstedt

ISBN: 978-3-7347-5475-3

Bibliografische Information der Deutschen Nationalbibliothek:
Die Deutsche Nationalbibliothek verzeichnet diese Publikation in der Deutschen Nationalbibliografie; detaillierte bibliografische Daten sind im Internet über http://dnb.d-nb.de abrufbar.

Jutta Schütz

LOW CARB

Zum Feierabend

Fortsetzung von Low Carb: Für Berufstätige

Low Carb Infos kurz und knapp zusammengefasst

Low Carb (LC) ist ein englischer Begriff und bedeutet: „wenig Kohlenhydrate". Es geht darum, die Kohlehydratzufuhr in der täglichen Nahrung deutlich zu reduzieren.

Es gibt sehr viel Literatur zum Thema Low Carb – ob Anhänger oder Gegner der LC-Ernährung, die Sachverhalte werden unterschiedlich beschrieben. Eine „Kohlenhydratarme Ernährung" korrigiert den gestörten Stoffwechsel und hilft das Übergewicht zu verringern. Der Blutzucker wird durch diese Ernährungsweise stabilisiert. Diese Art der Ernährung entlastet den Körper in vielen Bereichen. Bei einer Reduzierung der Kohlenhydrataufnahme wirkt sich das nicht nur positiv auf den Blutzuckerspiegel aus, sondern auch auf die Bauchspeicheldrüse. Sie schaltet bei der Produktion des Hormons Insulin einen Gang runter, dadurch wird die Gefahr gebannt z. B. an Diabetes zu erkranken. Eine „Kohlenhydratarme Ernährung" bedeutet: NICHT auf Kohlenhydrate völlig zu verzichten. Diese Ernährung steht für eine verminderte Aufnahme von Kohlenhydraten. Die Befürchtung, bei der Ernährungsumstellung eine Mangelerscheinung zu bekommen, kann widerlegt werden.

Die Ernährung wird bei folgenden Krankheiten eingesetzt:

Diabetes Typ 2, Rheuma und Gicht, MS (Multiple Sklerose), Migräne, Verstopfung & Blähungen, Sodbrennen, Krebs, Epilepsie, Übergewicht/Adipositas, AD(H)S, Magen- & Darmgeschwüren, Reizdarm, Schizophrenie, Parkinson, Alzheimer, Autismus, Wechseljahresbeschwerden, Pubertät, Entzündungsprozesse der Schleimhäute, Hautausschlägen & Akne, erhöhte Cholesterinwerte.

Inhaltsverzeichnis

Alle Gerichte sind für zwei Personen

Zubereitungszeiten: maximal 40 Minuten

FLEISCH

VEGETARISCH

FLEISCH

Hackfleisch mit Frischkäse

Zirka 35 Minuten

Zutaten:

- ➢ 300 g gemischtes Hackfleisch
- ➢ 100 g durchwachsener Speck
- ➢ 1 Zwiebel
- ➢ 200 ml Sahne
- ➢ 2 EL Zitronensaft
- ➢ 200 g Frischkäse
- ➢ ½ TL Salz
- ➢ 2 Prisen Pfeffer
- ➢ ½ TL Currypulver
- ➢ ½ TL Chilipulver
- ➢ 2 EL Olivenöl
- ➢ 1 EL Olivenöl für die Backform

Zubereitung:

Pfanne heiß werden lassen.

Speck klein würfeln.

Zwiebel schälen und klein würfeln.

Olivenöl hinzu geben und das Fleisch und den gewürfelten Speck hinzu geben. Auf mittlerer Stufe gut zirka 5 Minuten anbraten.

Gewürze, Sahne, Zitronensaft und Frischkäse für 1 Minute mitanbraten.

Backform mit 1 EL Olivenöl einfetten und die Fleischmasse hinein geben. Im Backofen bei 200 Grad zirka 25 Minuten backen.

Tipp: Doppelte Menge ergibt eine Mahlzeit für den zweiten Tag.

Zutaten: Fleischmasse vom Vortag, zirka 400 g Gemüse aus der Dose, 100 ml Sahne, 100 ml Frischmilch, 100 g geriebener Käse

Zubereitung: Geben Sie 100 ml Sahne, 100 ml Frischmilch auf ein Backblech und verteilen das Gemüse Ihrer Wahl. Darauf legen Sie die Fleischmasse und streuen zirka 100 g geriebenen Käse darüber. Im Backofen bei 200 Grad zirka 25 Minuten backen.

Putenschnitzel mit Paprika

Zirka 25 Minuten

Zutaten:

- ➤ 4 kleine Putenschnitzel
- ➤ 1 Glas zirka 370 ml eingelegte Paprika
- ➤ 1 kleine Zwiebel
- ➤ 1 kleine Dose Erbsen
- ➤ 1 TL Gemüsebrühe-Pulver
- ➤ 2 EL Zitronensaft
- ➤ ½ TL Currypulver
- ➤ ½ TL Paprikapulver (süß)
- ➤ ½ TL Salz
- ➤ ½ TL Pfeffer
- ➤ 500 ml Wasser
- ➤ 6 EL Olivenöl

Zubereitung:

Schnitzel in dünne Streifen schneiden, mit 2 EL Olivenöl beträufeln und mit den Gewürzen würzen. Beiseite stellen.

Paprika aus dem Glas in einem Sieb abtropfen lassen.

Zwiebel schälen und klein würfeln.

Den Paprika klein schneiden.

Pfanne heiß werden lassen, 2 EL Olivenöl hinzu geben.

Zwiebel mit den Paprika darin zirka 3 Minuten dünsten.

Mit Wasser ablöschen, aufkochen lassen und Gemüsebrühe-Pulver hinzu geben.

Erbsen hinzu geben und zirka 3 Minuten erhitzen.

Eine 2. Pfanne heiß werden lassen, 2 EL Olivenöl hinzu geben und die Fleischstreifen zirka 6 Minuten stark anbraten.

Tipp: Salatblätter waschen, auf zwei Tellern verteilen und mit ein paar Prisen Salz und Pfeffer würzen. Darauf das Gemüse aus der Pfanne geben und die Fleischstücke hinzu legen.

Puten-Rouladen mit Weißwein

Zirka 35 Minuten

Zutaten:

- ➢ 2 große Putenschnitzel
- ➢ 2 Scheiben Gouda
- ➢ 2 EL Petersilie
- ➢ 2 EL Schnittlauch
- ➢ 1 EL Zitronensaft
- ➢ 3 EL Crème fraîche
- ➢ 3 EL flüssige Sahne
- ➢ 1 TL Senf (scharf)
- ➢ ½ TL Salz
- ➢ 2 Prisen Pfeffer
- ➢ ½ TL Currypulver (süß)
- ➢ 2 EL Butter (zum Braten)
- ➢ 200 ml Weißwein
- ➢ 2 EL Olivenöl

Zubereitung:

Schnitzel flach klopfen, mit Senf bestreichen und mit Salz und Pfeffer würzen.

Petersilie und Schnittlauch waschen und klein schneiden.

Die klein geschnittenen Kräuter auf dem Fleisch verteilen.

Auf das Fleisch die Käsescheiben legen und mit Currypulver, Salz und Pfeffer würzen.

Fleisch aufrollen und mit einer Nadel zusammenstecken.

Pfanne heiß werden lassen und die Butter und Öl hinzu geben.

Die Rouladen hinzufügen und bei mittlerer Hitze auf jeder Seite 4 Minuten scharf anbraten.

Mit Weißwein ablöschen und zugedeckt zirka 10 Minuten schmoren lassen. Crème fraîche, Sahne und Zitronensaft zufügen und weitere 10 Minuten schmoren lassen.

Tipp: Doppelte Menge ergibt eine Mahlzeit für den zweiten Tag.

Zutaten: Fleischgericht vom Vortag, zirka 400 g Gemüse aus der Dose, 100 ml Sahne, 100 ml Frischmilch, 100 g geriebener Käse, 2 EL Ananasstücke (Dose)

Zubereitung: Backblech mit Sahne und Milch beträufeln. Jede Roulade 3 mal durchschneiden und auf das Backblech setzen. 1 Dose Gemüse darüber geben, evtl. ein paar Stücke Ananas (ohne Zucker) und mit zirka 100 g geriebenem Käse bestreuen. Im Backofen bei 200 Grad zirka 15 Minuten überbacken.

Hähnchenflügel in Curry

Zirka 40 Minuten

Zutaten:

- ➢ 14 Hähnchenflügel
- ➢ 1 grüne Kiwi
- ➢ 1 rote Chilischote
- ➢ 1 EL Tomatenmark
- ➢ 2 EL Honig
- ➢ 2 EL Zitronensaft
- ➢ 2 EL Sojasoße
- ➢ 1 EL Chilisoße
- ➢ 1 TL Paprikapulver (süß)
- ➢ 2 TL Currypulver
- ➢ ½ TL Salz
- ➢ 2 Prisen Pfeffer
- ➢ 2 EL Olivenöl
- ➢ 2 EL Olivenöl

Zubereitung:

Hähnchenflügel waschen und trocken tupfen.

Chilisoße, Honig, Tomatenmark, Zitronensaft, Olivenöl, Salz, Paprikapulver und Currypulver gut verrühren.

Die Hähnchenflügel damit bestreichen.

Hähnchenflügel in eine Auflaufform geben und im Backofen bei 200 Grad zirka 35 Minuten backen.

In der Zwischenzeit die Kiwis schälen und in Würfel schneiden.

Chilischote waschen, längs aufschneiden, entkernen und in feine Ringe schneiden.

Kiwi und Chilischote im Mixer pürieren.

Olivenöl hinzu geben.

Kiwi, Chilischote, Olivenöl – Masse über den Hähnchenflügeln verteilen und servieren.

Hähnchenbrustfilets mit Knoblauch

Zirka 35 Minuten

Zutaten:

- ➤ 4 kleine Hähnchenbrustfilets
- ➤ 3 EL Walnüsse (gehackt)
- ➤ 1 EL Mandeln (gehackt)
- ➤ 3 Knoblauchzehen (gepresst)
- ➤ 200 ml flüssige Sahne
- ➤ 2 EL Zitronensaft
- ➤ 4 EL Käse (gerieben)
- ➤ 2 EL Schnittlauch (gehackt)
- ➤ 1 TL Salz (für das Fleisch)
- ➤ 4 Prisen Pfeffer (für das Fleisch)
- ➤ ½ TL Currypulver
- ➤ ½ TL Paprikapulver
- ➤ ½ TL Salz
- ➤ 3 Prisen Pfeffer
- ➤ 3 EL Olivenöl
- ➤ 1 EL Olivenöl für die Backform

Zubereitung:

Hähnchenfilets mit Salz und Pfeffer würzen.

Pfanne heiß werden lassen. Olivenöl hinzu geben und die Filets auf beiden Seiten zirka 3 Minuten kräftig anbraten.

Backform mit Olivenöl einpinseln.

Die Filets in eine Backform legen.

Knoblauchzehen schälen und klein pressen.

Die gehackten Walnüsse und Mandeln, Knoblauch, Sahne, Zitronensaft, Käse und Schnittlauch in einer Schüssel mischen und mit Currypulver, Paprikapulver, Salz und Pfeffer würzen.

Diese Sahnemischung auf dem Fleisch verteilen.

Im Backofen bei 180 Grad (Ober-/Unterhitze) zirka 25 Minuten backen.

Tipp: Doppelte Menge ergibt eine Mahlzeit für den zweiten Tag.

Zutaten: Fleischgericht vom Vortag, zirka 400 g Gemüse aus der Dose, 100 ml Sahne, 100 ml Frischmilch, 100 g geriebener Käse, 2 EL Ananasstücke (Dose)

Zubereitung: Backblech mit Sahne und Milch beträufeln. Hähnchenfleisch auf das Backblech legen. 1 Dose Gemüse darüber geben, evtl. ein paar Stücke Ananas (ohne Zucker) und mit zirka 100 g geriebenem Käse bestreuen. Im Backofen bei 200 Grad zirka 15 Minuten überbacken.

Hackfleisch mit Meerrettich

Zirka 35 Minuten

Zutaten:

- ➢ 600 g gemischtes Hackfleisch
- ➢ 1 Zwiebel
- ➢ 1 Möhre
- ➢ 1 Ei
- ➢ 1 rote Chilischote
- ➢ 100 g Schmand
- ➢ 100 g Magerquark
- ➢ 100 g Joghurt
- ➢ ½ EL geriebener Meerrettich (Glas oder Tube)
- ➢ 1 EL Zitronensaft
- ➢ ½ TL Salz
- ➢ 2 Prisen Pfeffer
- ➢ 3 EL Olivenöl

Zubereitung:

Zwiebel schälen und in kleine Würfel schneiden. Möhre waschen und in kleine Würfel schneiden.

Chilischote waschen, längs aufschneiden, entkernen und ebenfalls in kleine Würfel schneiden.

Hackfleisch, Zwiebel, Möhre, Chilischote, Ei und Schmand verrühren und mit Salz und Pfeffer würzen.

Walnussgroße Bällchen formen. Pfanne heiß werden lassen und das Olivenöl hinzu geben.

Die Bällchen zirka 12 Minuten anbraten.

Für die Soße:

Quark, Joghurt, Meerrettich und Zitronensaft verrühren. Mit Salz und Pfeffer abschmecken. Hackbällchen auf einen großen Teller legen und die Soße darauf verteilen.

Tipp: Doppelte Menge ergibt eine Mahlzeit für den zweiten Tag.

Zutaten: Fleischgericht vom Vortag, zirka 400 g Gemüse aus der Dose, 100 ml Sahne, 100 ml Frischmilch, 100 g geriebener Käse, 2 EL Ananasstücke (Dose)

Zubereitung: Backblech mit Sahne und Milch beträufeln. Hackfleischbällchen auf das Backblech legen. 1 Dose Gemüse darüber geben, evtl. ein paar Stücke Ananas (ohne Zucker) und mit zirka 100 g geriebenem Käse bestreuen. Im Backofen bei 200 Grad zirka 15 Minuten überbacken.

Dazu reichen Sie Low Carb Brot und Salat

Safran-Hackfleisch

Zirka 30 Minuten

Zutaten:

- ➢ 600 g gemischtes Hackfleisch
- ➢ 1 Zwiebel
- ➢ 1 Möhre
- ➢ 1 Ei
- ➢ 1 Döschen Safranfäden (0,1 g)
- ➢ 200 ml Gemüsebrühe
- ➢ 3 EL Schmand
- ➢ 1 TL Zitronensaft
- ➢ 1 TL Johannisbrotkernmehl
- ➢ ½ TL Salz
- ➢ ½ TL Pfeffer
- ➢ ½ TL Cayennepfeffer
- ➢ 2 EL Öl

Zubereitung:

Zwiebel schälen und klein würfeln.

Möhre waschen, klein würfeln.

Zwiebel und Möhre mit den Eiern unter das Hackfleisch geben. Mit Salz und Pfeffer würzen.

Aus dem Teig mit feuchten Händen kleine Bällchen formen.

Die Bällchen im heißen Öl bei mittlerer Hitze zirka 12 Minuten braten, herausnehmen und warm stellen.

Den Safran in der heißen Brühe auflösen und den Bratensatz damit ablöschen.

Schmand unterrühren und einmal aufkochen lassen.

Mit Zitronensaft, Salz und Cayennepfeffer würzen.

Die Soße durch ein Sieb gießen, nochmals aufkochen und mit Johannisbrotkernmehl binden.

Die Bällchen mit der Soße servieren und Salat dazu reichen.

Hackfleisch mit Kürbis

Zirka 40 Minuten

Zutaten:

- ➤ 1 kleiner Kürbis
- ➤ 500 g Hackfleisch (gemischt)
- ➤ 1 kleine Möhre
- ➤ 2 EL Zitronensaft
- ➤ 2 EL Sojasoße
- ➤ ½ TL Salz
- ➤ ½ TL Currypulver (für das Hackfleisch)
- ➤ ½ TL Paprikapulver (süß) (für das Hackfleisch)
- ➤ 1 TL Salz (für das Hackfleisch)
- ➤ 3 Prisen Pfeffer (für das Hackfleisch)
- ➤ 2 EL Olivenöl (für das Hackfleisch)
- ➤ 2 EL Olivenöl

Für den Dip:

- ➤ 200 g Blauschimmelkäse
- ➤ 100 ml Weißwein
- ➤ 2 EL flüssige Sahne
- ➤ 50 g gehackte Walnüsse

Zubereitung:

Hackfleisch mit Currypulver, Paprikapulver, Pfeffer und Salz würzen. Möhre klein häckseln und zum Hackfleisch geben. Alles durchmischen.

Pfanne heiß werden lassen und das Olivenöl hinzu geben.

Kleine (Tennisballgröße) Hackfleischbällchen formen und auf jeder Seite zirka 12 Minuten garen. Auf Papier abtropfen lassen.

Kürbis waschen, Kerne entfernen und in Spalten schneiden.

Aus Zitronensaft, Sojasoße, Olivenöl, Currypulver und Pfeffer eine Marinade herstellen.

Ein Backblech mit Backpapier auslegen, die Kürbisspalten darauf legen und mit der Marinade bepinseln.

Im Backofen bei 180 Grad zirka 20 Minuten backen.

Zwischendurch die Kürbisspalten noch einmal einpinseln, damit der Kürbis nicht zu trocken wird.

Für den Dip:

Blauschimmelkäse, Weißwein und Sahne mit dem Mixer verrühren.

Walnüsse sehr klein hacken und dazugeben.

Kürbisspalten mit den Hackbällchen und dem Dip servieren.

Lammkoteletts mit Pilzen und Zimtblüten

Zirka 35 Minuten

Zutaten:

- ➢ 2 Lammkoteletts
- ➢ 100 g weiße Champignons
- ➢ 100 g braune Champignons
- ➢ 2 Frühlingszwiebeln
- ➢ 2 Knoblauchzehen
- ➢ 1 EL gehackte Petersilie
- ➢ ½ Zweig Rosmarin
- ➢ ½ TL Zimtblüten
- ➢ 150 ml flüssige Sahne
- ➢ 2 EL Zitronensaft
- ➢ ½ TL Salz
- ➢ 3 Prisen Pfeffer
- ➢ ½ TL Currypulver
- ➢ ½ TL Paprikapulver (süß)
- ➢ 1 EL Rosmarinöl
- ➢ 2 EL Olivenöl (für die 1. Pfanne)
- ➢ 2 EL Olivenöl (für die 2. Pfanne)

Zubereitung:

Lammkoteletts einen Tag vorher in Rosmarinöl, Zitronensaft und einer gehackten Knoblauchzehe marinieren.

Champignons putzen und in Scheiben schneiden. Frühlingszwiebeln putzen und in Ringe schneiden. Zweite Knoblauchzehe schälen und fein hacken.

Rosmarinnadeln abzupfen und sehr fein hacken.

Pfanne heiß werden lassen und das Olivenöl hinzu geben.

Champignons, Frühlingszwiebeln, Petersilie und Sahne zufügen und 5 – 7 Minuten andünsten.

Mit Salz und Pfeffer würzen.

Eine zweite Pfanne heiß werden lassen, Olivenöl hinzu geben.

Knoblauch, Rosmarin und die Koteletts zufügen.

Auf jeder Seite zirka 3 – 5 Minuten anbraten.

Mit Salz und Pfeffer würzen.

Bei geringer Wärmezufuhr zirka 8 Minuten garen.

Mit Zimtblüten, Currypulver und Paprikapulver würzen.

Champignongemüse auf Teller anrichten und die Lammkoteletts darauf anrichten.

Zimtblüten besitzen das typische Aroma des Cassia-Zimts, jedoch weniger stark ausgeprägt und von der Schärfe her milder.

Hackfleisch mit Lauch

Zirka 40 Minuten

Zutaten:

- ➤ 500 g gemischtes Hackfleisch
- ➤ 2 Stangen Lauch
- ➤ 2 rote Chilischoten
- ➤ 1 Knoblauchzehe
- ➤ 3 EL stückige Tomaten
- ➤ 200 ml Fleischbrühe
- ➤ 4 EL Tomatenmark
- ➤ 1 TL Sambal Oelek
- ➤ ½ TL Sternanis
- ➤ ½ TL Koriander
- ➤ ½ TL Persisches Blausalz
- ➤ 1 – 2 Prisen Cayennepfeffer

Zubereitung:

Lauch waschen, putzen und in Ringe schneiden.

Chilischote waschen, längs aufschneiden, entkernen und in Würfel schneiden.

Knoblauchzehe schälen und fein hacken.

Fleisch und Tomatenmark ohne Zugabe von Fett in einem heißen Topf krümelig anbraten.

Lauch, Chili, Knoblauch, Tomaten und Fleischbrühe zufügen.

Aufkochen lassen und mit geschlossenem Deckel auf kleiner Hitze zirka 30 Minuten köcheln lassen.

Vor dem Servieren mit Sambal Oelek und den Gewürzen abschmecken.

Kamel Hackfleischpfanne

Aus dem Buch: Low Carb Exotisch: ISBN-13: 9783981616545

Zirka 40 Minuten

Zutaten:

- ➢ 600 g Kamel Hackfleisch
- ➢ 4 EL Olivenöl
- ➢ 3 große Tomaten
- ➢ 2 Zwiebeln
- ➢ 200 ml Sahne
- ➢ 200 g Emmentaler Käse
- ➢ ½ TL Salz
- ➢ 2 – 3 Prisen Pfeffer
- ➢ 1 EL gemischte Kräuter

Zubereitung:

Olivenöl in die heiße Pfanne geben, das Hackfleisch dazu geben.

Die Zwiebeln und die Tomaten grob würfeln, zum Fleisch geben und alles gut anbraten.

Die Fleischmasse in eine Auflaufform schütten, mit der Sahne benetzen.

Käse darüber streuen und im Backofen auf 200 Grad zirka 35 Minuten überbacken.

Dazu wird Low Carb Brot gereicht und Salate.

VEGETARISCH

Beeren-Pfannkuchen

Zirka 35 Minuten (Plus Vorbereitungszeit am Vortag.
Im Kühlschrank aufbewahren)

Zutaten:

Für den Pfannkuchen:

- ➢ 200 g gemahlene Haselnüsse
- ➢ 4 Eier
- ➢ 2 TL flüssiger Süßstoff
- ➢ 5 EL Eiweißpulver
- ➢ 200 ml Naturjoghurt
- ➢ 1 EL Zitronensaft
- ➢ 6 EL Olivenöl

Für den Belag:

- ➢ 200 g Himbeeren
- ➢ 2 Schnapsgläser Himbeergeist (Obstbrand)
- ➢ 100 g Frischkäse
- ➢ 2 TL flüssiger Süßstoff

Zubereitung:

Himbeeren waschen, trocken tupfen und im Himbeergeist einlegen. Im Kühlschrank zirka 2 – 3 Stunden ziehen lassen.

Die eingelegten Himbeeren vorsichtig aus dem Schnaps raus nehmen und abtropfen lassen.

Die Himbeeren mit dem Frischkäse und Süßstoff mischen.

Eier, Joghurt, Haselnüsse, Süßstoff, Eiweißpulver und Zitronensaft in eine Schüssel geben und gut miteinander mischen.

Pfanne heiß werden lassen und Olivenöl hinzu geben.

Nacheinander dünne Pfannkuchen backen.

Die Himbeer-Käsecreme auf die Pfannkuchen verteilen und servieren.

Zimt-Spargel

Zirka 40 Minuten

Zutaten:

- ➢ 450 g Spargel
- ➢ 1 Stange Lauch
- ➢ 2 EL Ananas aus der Dose (ungezuckert)
- ➢ 2 Eier
- ➢ 100 g Hüttenkäse
- ➢ 50 g geriebener Emmentaler
- ➢ ½ TL Salz
- ➢ 2 Prisen Pfeffer
- ➢ ½ TL Currypulver
- ➢ 2 Prisen Zimt
- ➢ 2 EL Olivenöl

Zubereitung:

Spargel an der unteren Hälfte schälen.

In 3 oder 4 cm lange Stücke schneiden.

Spargel in siedendem Wasser zirka 10 Minuten garen.

Herausnehmen und etwas abkühlen lassen.

Lauch putzen, waschen und in Ringe schneiden.

Hüttenkäse mit den Eiern mischen und mit den Gewürzen abschmecken.

Ananas aus der Dose abtropfen lassen und beiseite stellen.

Auflaufform mit Öl einpinseln.

Alle Zutaten in eine Auflaufform geben, mit Emmentaler bestreuen.

Ananas darüber geben und im Backofen bei 180 Grad zirka 25 Minuten backen.

Thai-Salat mit Kokosdressing

Zirka 40 Minuten

Zutaten:

- ➢ 350 g Chinakohl
- ➢ 3 mittlere Stangen Staudensellerie
- ➢ 2 Möhren
- ➢ 200 g grüne Bohnen (aus dem Glas)
- ➢ 4 Frühlingszwiebeln
- ➢ 1 Knoblauchzehe
- ➢ 2 EL Zitronensaft
- ➢ 2 EL Kokosmilch
- ➢ 1 TL Kokosflocken
- ➢ 2 EL flüssige Sahne
- ➢ 3 EL Erdnusscreme (ohne Zucker)
- ➢ 1 EL Chilisoße
- ➢ 1 TL Sojasoße
- ➢ ½ TL Salz
- ➢ 1 MSP Pfeffer

Zubereitung:

Chinakohl waschen, trocknen, in Stücke zupfen.

Sellerie und die Möhren waschen, schälen und in dünne Streifen schneiden.

Frühlingszwiebeln klein würfeln und mit dem Chinakohl, Sellerie und Möhren in eine Schüssel geben.

Den Knoblauch klein pressen.

Mit den restlichen Zutaten in der großen Schüssel mischen und zirka 20 Minuten ziehen lassen.

Tipp: Der Salat hält sich 2 Tage im Kühlschrank und passt auch zu vielen Fleischgerichten oder nur mit Low Carb Brot.

Vegetarisches Chili con Carne

Zirka 35 Minuten

Zutaten:

- ➤ 200 g Kidneybohnen (aus der Dose)
- ➤ 400 g Kohlrabi (aus dem Glas)
- ➤ 1 grüne Paprika
- ➤ 1 gelbe Paprika
- ➤ 1 kleine Möhre
- ➤ 3 Tomaten
- ➤ 1 Zwiebel
- ➤ 2 Knoblauchzehen
- ➤ 3 EL flüssige Sahne
- ➤ 2 EL Zitronensaft
- ➤ 2 EL Olivenöl
- ➤ 1 TL Chilipulver
- ➤ 1 TL Paprikapulver
- ➤ ½ TL Currypulver
- ➤ ½ TL Salz
- ➤ 250 ml Gemüsebrühe
- ➤ 3 EL Olivenöl

Zubereitung:

Pfanne heiß werden lassen, Olivenöl hinzu geben.

Zwiebel schälen und in kleine Würfel schneiden

Tomaten, Möhre und die Paprika waschen und klein würfeln.

Zirka 8 Minuten im Öl leicht anschwitzen.

Knoblauchzehen schälen und pressen.

Gemüsebrühe, Gewürze, und die restlichen Zutaten hinzu geben.

Dazu schmeckt Low Carb Brot (Seite 54).

Tipp: Low Carb Brot Scheiben mit Olivenöl beträufeln, mit Käse belegen und im Backofen bei 200 Grad 6 Minuten überbacken.

Kalte Gurken-Wodkasuppe

Zirka 35 Minuten

Zutaten:

- ➤ 400 ml frisch gepresster Gurkensaft
- ➤ 250 g saure Sahne
- ➤ 200 g flüssige Sahne
- ➤ 200 g Rote Bete
- ➤ 4 Eier
- ➤ ½ rote Paprika
- ➤ 1 Bund Schnittlauch
- ➤ 3 EL Wodka
- ➤ 2 EL Zitronensaft
- ➤ 2 TL Chilipulver
- ➤ 1 TL Paprikapulver
- ➤ ½ TL Currypulver

Zubereitung:

Paprika und die Rote Bete waschen und in kleine Würfel schneiden.

Eier 7 Minuten hart kochen und würfeln.

Den Gurkensaft mit der sauren und süßen Sahne mischen.

Eier, die Rote Bete und die Paprika dazu geben.

Schnittlauch in feine Ringe schneiden, dazu gegeben.

Wodka und den Zitronensaft hinzu geben und mit den Gewürzen abschmecken.

Die Suppe wird kalt gegessen! Sie hält sich 2 Tage im Kühlschrank.

Tipp: Auch zu dieser kalten Suppe schmeckt das Low Carb Brot. Und auch hier können Sie dieses Brot im Backofen überbacken. Anstatt Käse bestreichen Sie es mit Knoblauchbutter oder belegen es nur mit Tomaten und würzen es mit etwas Salz und Pfeffer.

Scharfes Erdbeerbrot

Zirka 35 Minuten

Zutaten:

- ➢ 200 g Doppelrahmfrischkäse
- ➢ 3 EL trockener Wein
- ➢ 1 EL Zitronensaft
- ➢ 400 g Erdbeeren
- ➢ ½ TL grüner Pfeffer (frisch oder getrocknet)
- ➢ 2 MSP Salz
- ➢ 4 EL frische Minzeblätter zum Garnieren
- ➢ 4 Scheiben Low Carb Brot (Seite 54)

Zubereitung:

Käse mit Wein und Zitronensaft cremig rühren und mit Salz abschmecken.

Erdbeeren waschen, Stiele auszupfen und die Früchte mit Küchenpapier trocken tupfen.

Halbieren.

Die Brotscheiben mit dem Käse bestreichen und mit den Erdbeerhälften belegen.

Die Brote mit dem Pfeffer streuen. Mit der Minze garnieren.

Tipp: Wenn Sie dieses Gericht für die Arbeit nehmen möchten, dann schneiden Sie sich Brotscheiben, halbieren die Erdbeeren.

Erdbeeren, die Minzeblätter und die Käsecreme getrennt in Frischhaltedosen aufbewahren.

Erst am Arbeitsplatz anrichten.

Diese Käse-Erdbeercreme schmeckt auch sehr gut als Dipp zu exotischen Fleischsorten (siehe Low Carb Bücher: Low Carb Exotisch).

Mexikanischer Salsa-Dipp

Zirka 35 Minuten

Zutaten:

- ➢ 4 große Tomaten
- ➢ 2 Zehen Knoblauch
- ➢ 1 Bund frischer Koriander
- ➢ 1 große grüne Chili
- ➢ 2 Frühlingszwiebeln
- ➢ 2 EL Schnittlauch
- ➢ 2 EL Olivenöl
- ➢ 2 EL Zitronensaft
- ➢ 1 TL Streusüße (Süßstoff)
- ➢ ½ TL Paprikapulver
- ➢ ½ TL Currypulver
- ➢ ½ TL Salz

Zubereitung:

Tomaten waschen und fein würfeln.

Knoblauch schälen und fein pressen.

Chili entkernen und fein hacken.

Frühlingszwiebeln in feine Ringe schneiden.

Koriander und Schnittlauch grob schneiden.

Mit den übrigen Gewürzen und Zutaten in einer Schüssel mischen.

Tipp: Für eine sehr grobkörnige Salsa werden sämtliche Zutaten in eine Schüssel gegeben und gut durchgerührt.

Die Salsa hält sich 3 Tage im Kühlschrank und passt zu Brot, Fleisch- und Fischgerichten.

Eisbergsalat mit Avocados

Zirka 40 Minuten

Zutaten:

- ➢ 2 Grapefruits
- ➢ 3 Avocados
- ➢ 2 EL trockener Weißwein
- ➢ 2 EL Zitronensaft
- ➢ 1 unbehandelte Zitrone für die Scheiben
- ➢ 1 EL Tomatenketchup
- ➢ 1 Eisbergsalat
- ➢ 1 Eigelb
- ➢ 4 EL Olivenöl
- ➢ 1 TL Senf
- ➢ 1 EL Essig
- ➢ 3 EL frischen Schnittlauch
- ➢ ½ TL Chilipulver
- ➢ ½ TL Salz
- ➢ 2 MSP Pfeffer

Zubereitung:

Salat waschen und die Blätter ganz lassen.

Zitrone in Scheiben schneiden.

Für die Mayonnaise: Eigelb, Senf, Öl, Essig, Salz und Pfeffer, gut miteinander verrühren und kühl stellen.

Grapefruit halbieren, das Fruchtfleisch herausschneiden und in eine Schüssel geben.

Avocados halbieren, den Stein herausnehmen und das Fruchtfleisch in Würfel schneiden.

Mit der Grapefruit mischen und mit Zitronensaft und dem Wein beträufeln.

Salz, Pfeffer, Chilipulver und Ketchup dazugeben und alles vorsichtig mit der Mayonnaise vermischen.

Schnittlauch grob schneiden.

Eine Glasschüssel mit den Salatblättern auslegen und den fertigen Salat darauf anrichten.

Mit Zitronenscheiben garnieren und bis zum Servieren kühlstellen.

Zucchini mit Feta und Tomaten

Zirka 40 Minuten

Zutaten:

- ➢ 300 g Feta
- ➢ 3 – 4 Zucchini
- ➢ 200 g Tomatenstücke aus der Dose
- ➢ 1 Bund frische Kräuter
- ➢ ½ TL Salz
- ➢ 2 Prisen Pfeffer
- ➢ ½ TL Paprikapulver (süß)
- ➢ 3 EL Olivenöl
- ➢ ½ L Salzwasser (1 TL Salz)

Zubereitung:

Den Käse in vier gleich große Stücke schneiden.

Zucchini waschen, in der Länge in 4 mm dünne Scheiben schneiden und im Salzwasser 25 Sekunden blanchieren, abschrecken und abtropfen lassen.

Je 2 – 3 Scheiben der Zucchini um den Käse wickeln.

Diese Päckchen nebeneinander in eine feuerfeste Form (etwas mit Öl auspinseln) legen. Es sollte noch ein kleiner Rest der Zucchini übrig bleiben.

2 EL Olivenöl mit Salz, Pfeffer und Paprika verrühren und die Zucchini-Päckchen damit bestreichen.

Im Backofen bei 175 Grad zirka 20 Minuten backen.

Inzwischen die Tomaten mit 1 EL Olivenöl erhitzen, übrige Zucchinischeiben in Streifen schneiden und dazugeben.

Die Soße mit Salz und Pfeffer kräftig abschmecken.

Die Kräuter klein hacken. Die Käse-Zucchini-Päckchen auf der Tomatensoße mit den Kräutern anrichten.

Teufel-Salat

Quelle: Low Carb Sweet & Hot (Jutta Schütz)

Verlag: A.S. Rosengarten-Verlag - ISBN-13: 9783981616576

Zirka 40 Minuten

Zutaten:

- ➢ 2 rote Paprika
- ➢ 2 grüne Paprika
- ➢ 1 große Zwiebel
- ➢ 1 kleiner Rettich
- ➢ ½ Bund Kräuter
- ➢ 4 EL gehackte Petersilie
- ➢ 1 - 2 TL scharfer Senf
- ➢ 1 - 2 TL Balsamico Essig
- ➢ 2 - 3 EL Olivenöl
- ➢ 2 - 3 Spritzer Tabasco
- ➢ ½ TL Currypulver
- ➢ ½ TL Paprikapulver (scharf)
- ➢ 1 TL Paprikapulver (süß)
- ➢ ½ TL Salz
- ➢ 1 - 2 Prisen Pfeffer

Zubereitung:

Paprikas schälen und das Kerngehäuse entfernen.

In Streifen schneiden.

Zwiebel schälen und in Ringe schneiden.

Rettich schälen und in dünne Scheiben hobeln. Radieschen waschen, putzen und ebenfalls in dünne Scheiben schneiden.

Olivenöl, Tabasco, Senf und Essig verrühren und mit den Gewürzen abschmecken.

Alle Zutaten gut miteinander vermischen und mit den gehackten Kräutern bestreut servieren.

Tipp: Sie können diesen Salat (wie jeden anderen Salat auch) auf gewaschene Salatblätter anrichten und dann mit hartgekochten, halben Eiern servieren.

Pro Person nehmen Sie dann 2 Eier.

Sie können abwechselnd auf die halben Eier 1 Prise Curry- oder Paprika-Pulver streuen oder auch einen Klecks Majo geben.

Appenzellerkäse mit Low-Carb Brot

Brotrezept: Seite 54

Zirka 35 Minuten

Zutaten:

- ➢ 4 Scheiben Toastbrot
- ➢ 4 Scheiben Appenzeller
- ➢ 2 Eier
- ➢ 200 ml flüssige Sahne
- ➢ 4 EL Olivenöl
- ➢ 2 Prisen Muskat
- ➢ 1 TL Paprikapulver (scharf)
- ➢ 1 TL Currypulver
- ➢ 1 TL Salz
- ➢ 3 Prisen Pfeffer

Zubereitung:

Eier in einem tiefen Teller mit Sahne und den Gewürzen verquirlen.

Das Low-Carb Brot darin einweichen, bis es komplett vollgesaugt ist.

Pfanne heiß werden lassen und das Olivenöl darin erhitzen.

Brot zufügen und von beiden Seiten knusprig backen.

Appenzeller auf die Brotscheiben legen und die Hitze reduzieren. Den Deckel auf die Pfanne legen.

Den Käse schmelzen lassen.

Tofu-Ragout mit Zucchini

Zirka 40 Minuten

Zutaten:

- 300 g Räuchertofu
- 3 Zucchini
- 1 Möhre
- 200 g Champignons
- 1 Zwiebel
- 1 Knoblauchzehe
- 150 ml Weißwein
- 2 EL Zitronensaft
- 100 g Schmand
- 100 ml Sahne
- 5 EL Sojasoße
- 3 EL Olivenöl
- ½ TL Salz
- 2 Prisen Pfeffer
- ½ TL Paprikapulver (süß)
- ½ TL Currypulver

Zubereitung:

Tofu in Würfel schneiden.

Zucchini und die Möhre waschen und in Würfel schneiden.

Zwiebel und Knoblauch schälen und fein hacken.

Champignons putzen und in Scheiben schneiden.

Olivenöl in einer Pfanne erhitzen.

Tofu, Zwiebel und Knoblauch zufügen und kräftig für zirka 5 Minuten anbraten.

Mit Sojasoße ablöschen.

Champignons und Zucchini zufügen und zirka 10 Minuten mitbraten.

Schmand, Weißwein und Sahne zufügen.

Alles mit Salz und Pfeffer, Curry- und Paprikapulver abschmecken.

Rosenblütensalat

Zirka 35 Minuten

Zutaten:

- ➤ 350 g Feldsalat oder Löwenzahnsalat
- ➤ 150 g Frühstückspeck
- ➤ 2 gekochte Eier
- ➤ 2 EL Schnittlauch
- ➤ 2 EL Rosenessig
- ➤ 1 - 2 EL Olivenöl
- ➤ 1 TL Zucker
- ➤ 3 Prisen Salz
- ➤ 1 Prise Pfeffer
- ➤ 1 Hand voll Blätter von ungespritzten Rosen
- ➤ 6 Scheiben Low-Carb Brot (Seite 54)

Zubereitung:

Frühstückspeck klein schneiden und in einer heißen Pfanne auslassen (zirka 10 Minuten).

Gewaschenen und getrockneten Salat in eine Schüssel geben.

Eier und den Schnittlauch klein würfeln.

Den abgekühlten Speck sowie die Eier und Schnittlauch zum Salat geben.

Mit dem Olivenöl, Rosenessig, Salz, Pfeffer und Zucker mixen.

Brot auf dem Toaster rösten.

Auf zwei Teller anrichten und mit den Rosenblättern bestreuen.

Low Carb Körnerbrot ohne Gluten

Menge: Ergibt 10 Brote à 400 g / Pro Brot 8 - 10 Scheiben

Pro 1 Scheibe = 12 KH

Zutaten:

500 g Sesamkörner, 500 g Leinsamen, 200 g Sonnenblumenkerne, 600 g gem. Mandeln, 700 g Eiweißpulver, 6 Päckchen Trockenhefe, 1 gehäufter EL Salz, 6 Eier, 250 ml Bio-Olivenöl, 750 g sehr warmes Wasser

Zubereitung:

Eine sehr große Schüssel nehmen, alle trockenen Zutaten (auch die Trockenhefe) hinein geben und gut durchmischen.

Anschließend alle nassen Zutaten hinzu geben und gut durchkneten. Der Teig bröselt etwas.

Auf einer Waage je 400 g abwiegen und zu einer länglichen (Durchmesser: ca. 7 - 8 cm) Rolle formen. Die Rolle ist ca. 13 - 15 cm lang.

Auf ein Backblech (mit Papier auslegen, NICHT einfetten) passen 6 Brote.

Backzeit: zirka 45 Minuten bei 180 Grad. Jedes Brot in ca. 8 - 10 Scheiben schneiden und einfrieren (Zwischen jede Scheibe ein kleines Stück Alufolie legen).

Frisch hält sich das Brot zirka 3 - 4 Tage (Im Kühlschrank). Gefroren nach Bedarf auf den Toaster legen und jede Seite einmal toasten.

Tipp:

Bestreichen Sie ein paar Scheiben des Brotes leicht mit Tomatenmark und legen es auf ein Backblech (mit Backpapier). Mit Gewürzen wie: Etwas Salz, Pfeffer, Paprika und Pizza-Gewürz würzen und dann mit Käse im Backofen bei 160 Grad 10 Minuten überbacken. Dazu Salat reichen.

LOW CARB

Eine kohlenhydratreduzierte Ernährungsform (Low Carb) stellt ein revolutionäres Ernährungskonzept vor - sie basiert auf der Erkenntnis, dass zu viele Kohlenhydrate in der täglichen Nahrung nicht gut sind für den Menschen.
Die Autorin Schütz schreibt seit 2007 über diese Ernährung! Informationen über Low Carb und ihre Bücher finden Sie auf ihrer
Webseite: http://www.jutta-schuetz-autorin.de/

Bei Books on Demand:

Im A.S. Rosengarten-Verlag